Fakultätsvorträge
der Philologisch-Kulturwissenschaftlichen Fakultät
der Universität Wien

T0145826

Fakultätsvorträge

der Philologisch-
Kulturwissenschaftlichen Fakultät
der Universität Wien

13

herausgegeben von

Matthias Meyer,
Franz Römer
und
Susanne Weigelin-Schwiedrzik

Ruth Wodak

Politische Kommunikation auf der EU-Backstage

Ergebnisse aus der Diskursforschung

Vienna University Press
V&R unipress

universität
wien

Informationen über die Philologisch-Kulturwissenschaftliche Fakultät:
http://phil-kult.univie.ac.at/

Kontaktadressen der Institute der Philologisch-Kulturwissenschaftlichen Fakultät:
http://phil-kult.univie.ac.at/institute/

Anfragen und Kontakt:
info.pkwfak@univie.ac.at

Redaktion:
Sonja Martina Schreiner

Bibliografische Information der Deutschen Nationalbibliothek
Die Deutsche Nationalbibliothek verzeichnet diese Publikation in der
Deutschen Nationalbibliografie; detaillierte bibliografische Daten sind
im Internet über http://dnb.d-nb.de abrufbar.
ISBN 978-3-8471-0577-0

**Veröffentlichungen der Vienna University Press
erscheinen bei V&R unipress GmbH.**

Druck und Bindung: CPI buchbuecher.de GmbH, Zum Alten Berg 24,
D-96158 Birkach

Gedruckt auf alterungsbeständigem Papier

Sehr geehrte Frau Vizerektorin, sehr geehrter Herr Dekan, sehr geehrte Frau Vizedekanin, liebe Kolleginnen und Kollegen, liebe Freunde und Freundinnen! Vielen Dank für die ehrenvolle Einladung, den diesjährigen Fakultätsvortrag zu halten.

1. Einleitung

Beginnen will ich mit einem Zitat aus dem bahnbrechenden Buch von Murray Edelman, *The Symbolic Uses of Politics* (1967), das mich im Zusammenhang mit meiner Forschung zur politischen Kommunikation sehr beeinflusst hat:

> Für die meisten von uns ist Politik eine Parade abstrakter Symbole, die wir aufgrund unserer Erfahrung als günstig oder ungünstig und praktisch allmächtig einstufen. Politische Entscheidungen können – für jedermann sichtbar – Wohlstand bringen, den Tod bedeuten oder auch den Verlust bzw. die Wiedererlangung von Freiheit. Die Politik verkörpert eine Welt mit starken ideologischen und gefühlsmäßigen Assoziationen, und deshalb sind politische Ereignisse willkommene Objekte, an denen man seine privaten Gefühle auslässt, insbesondere starke Ängste und Hoffnungen. (Edelman, 1967: 5)

Der amerikanische Politikwissenschaftler Murray Edelman war einer der ersten, der sich mit der symbolischen Ebene der Politik und mit den vielen Bedeutungen politischer Symbole systematisch auseinandergesetzt hat – etwas, das uns alle auch heutzutage sehr beschäftigt. Er betont die mehrfachen und auch ambigen Bedeutungen politischer Sprachhandlungen und Sprechakte, in der Tradition Wittgensteins und des Sprachspiel-Konzepts (Wittgenstein, 1967).

In der mir zur Verfügung stehenden Zeit will ich einen – zumindest gerafften – Einblick in jene komplexen Phänomene vermitteln, die mich seit meiner soziolinguistischen Dissertation zum *Sprachverhalten von Angeklagten bei Gericht* in den 1970er-Jahren immer wieder beschäftigt haben und auch weiter beschäftigen (Leodolter, 1975; Wodak, 1996): im *kommunikativen Alltag* von Organisationen, sei es bei Gericht, in der Schule, im Krankenhaus und in Kriseninterventionszentren, in der Bürokratie und in der Politik. Es interessiert also das breite Register an Texttypen, Sprechakten und Textsorten, die uns allen zu Verfügung stehen und in die jene Akteure, die in Organisationen arbeiten, besonders eben in politischen Organisationen, hineinsozialisiert werden – die sogenannten *rules of the game* (Holly, 1990 & 2008; Scollon, 2008; Stone, 2002).

Ein solcher Einblick in den kommunikativen institutionellen Alltag erlaubt es nämlich, Entscheidungsmechanismen auf vielen Ebenen besser zu verstehen und zu erklären. Wir DiskursforscherInnen tragen dazu bei, die vielen intervenierenden Variablen aufzuspüren und mittels Feldforschung auch hinter die Kulissen zu blicken. In Bezug auf die europäischen Organisationen bedeutet dies beispielsweise, dass das metonymische Konzept ‚Brüssel‘ dekonstruiert und aufgefächert wird (d.h. „Brüssel" steht für alles, was mit der Europäischen Union in Brüssel (und oft auch in Straßburg) zusammenhängt) – in viele Akteure, Entscheidungsinteressen und -logiken, in nationale und internationale Vorhaben, in parteipolitische Haltungen und vieles mehr (vgl. Cinpoes, 2008; Muntigl et al., 2000; Pollak, 2007; Pollak & Slominski, 2006; Wodak, 2000 & 2011; Wodak & Boukala 2014, 2015a,b). All dies nicht in einer einzigen

Sprache, sondern in 27 Sprachen, wobei wir mit einer hegemonialen Mehrsprachigkeit konfrontiert sind, also mit prestigereichen und prestigeärmeren Sprachen (Krzyżanowski & Wodak, 2011). Dazu später mehr.

Gerade in einer Zeit mehrfacher Krisen befindet sich die Zufriedenheit der europäischen BürgerInnen laut Eurobarometer vom Frühjahr 2014 auf einem Tiefstand – rund zwei Drittel der Befragten sind mit der Arbeit der EU und der europäischen Organisationen etwas mehr oder weniger unzufrieden. Kein Wunder in einer Zeit hoher Jugendarbeitslosigkeit, einer Finanzkrise und großer Unsicherheit aufgrund von Klimawandel, Globalisierung, Migration und großer Flüchtlingsbewegungen – und anderer für den Einzelnen unfassbarer Phänomene. Zu den Krisen kommt ein großes Maß von Unwissenheit hinzu – wenige wissen über die tatsächliche *Arbeit* in den EU-Organisationen Bescheid; Gerüchte gibt es viele, wie auch oft nicht fundierte Vermutungen. Vielfach werden nationale Probleme auf dem „Rücken" der EU ausgetragen, wie beispielsweise bei den Wahlen zum Europäischen Parlament (vgl. Bach, 1999; Beetham & Lord, 1998; Corbett et al., 1995; McCormick, 2007; Oberhuber et al., 2005; Weiss et al., 2003; Wodak, 2015). Gerade deshalb scheint ein Einblick in den Alltag der europäischen kommunikativen Arbeit wichtig.

In der Tradition des „Symbolischen Interaktionismus", insbesondere der bahnbrechenden Forschung des amerikanischen Soziologen Erving Goffman wie auch der qualitativen Soziolinguistik bzw. der „Linguistic Anthropology" (vgl. Angermuller et al., 2014), beschäftige ich mich mit der jeweils *eigenen Logik* in Organisationen, die Außenseitern häufig unverständlich bleibt und irrational erscheint. Wie fallen also Entscheidungen? Welche Machtspiele sind dabei involviert? Wer besitzt welches Wissen, wer mischt mit, wer ist ausgeschlossen? Wo wird *wirklich* entschieden und warum?

In meinem Vortrag heute zeige ich Ihnen einige Beispiele aus zwei großen Projekten: aus dem Projekt über Diskurse zur europäischen Beschäftigungspolitik, das ich mit einem interdisziplinären Team während meiner ‚Wittgenstein-Zeit' im Forschungszentrum *Diskurs, Politik, Identität* (an der Universität Wien und an der Österreichischen Akademie der Wissenschaften) mit viel Feldforschung in Brüssel, Straßburg und Luxemburg 1997 und 1998 begonnen und während meiner Professur in Lancaster (seit 2004) fertiggestellt habe (vgl. Muntigl et al., 2000; Wodak, 2004, 2011 & 2014a,b); und aus dem DYLAN-Projekt, einem großen europäischen Projekt aus dem 6. Rahmenprogramm von 2006 bis 2012, zur Mehrsprachigkeit in Europa, bei dem ich für drei Subprojekte zur Mehrsprachigkeit in den europäischen Organisationen verantwortlich war, gemeinsam mit Professor Michał Krzyżanowski und Dr. Bernhard Forchtner (vgl. Berthoud et al., 2013; Unger et al., 2014). Andere Projekte und Ergebnisse muss ich vernachlässigen, wie die Untersuchung der kommunikativen Verfasstheit im Europäischen Konvent 2002/03 (ein von der Österreichischen Nationalbank gefördertes Projekt; vgl. Krzyżanowski & Oberhuber, 2007) und das EU-Projekt EMEDIATE zur medialen Berichterstattung über europäische Krisen im Zeitraum von 1956 bis 2006 (vgl. Triandafyllidou et al., 2009). In allen diesen Forschungen habe ich mit unterschiedlichen Teams, komparativ und interdisziplinär, national und international, zu verschiedenen kommunikativen Aspekten von EU-Organisationen geforscht.

Diskurse über Arbeitslosigkeit 1997–1999

- gefördert aus dem Wittgenstein Preis; 14 Interviews mit MEPs; 5 Plenardebatten; 3 Tage *Shadowing* eines MEP; Resolutionen, Protokolle; teilnehmende Beobachtung usw.

Debatten im Europäischen Konvent 2002/03

- gefördert von der Österreichischen Nationalbank; 32 Interviews mit MEPs und Delegierten aus den damaligen Erweiterungsstaaten; teilnehmende Beobachtung

EMEDIATE – Berichterstattung über EU-Krisen

- gefördert von der EU – 8 Teams; Zeitungsberichterstattung über 8 europäische Krisen in 6 EU-Mitgliedstaaten; teilnehmende Beobachtung in Zeitungsredaktionen

DYLAN 2006–2012 – Mehrsprachigkeit in der EU

- gefördert von der EU – 18 Teams; Tonbandaufnahmen von 36 internen Sitzungen im Parlament und in der Kommission; 30 Interviews mit MEPs und Beamten der Kommission; Geschichte der europäischen Mehrsprachigkeitsgesetzgebung; teilnehmende Beobachtung

In allen diesen Projekten stellt sich die Frage, was die Ergebnisse auf der Mikroebene der Alltagskommunikation und Interaktion für das heutige Politikverständnis bedeuten? Man könnte auch fragen, was denn eine solche neue Perspektive auf das Politikfeld für unser Verständnis europäischer Politik impliziert?

Als Laien sind wir meist vom Alltag der Politik (und jeder Organisation) ausgeschlossen: Wir nehmen Politik vor allem über Medien wahr, auf der sogenannten *Frontstage* – um Goffmans Theater-Metapher anzuwenden (Goffman, 1959).

Abb. 1 Die europäische Familie (*Frontstage*)

Abb. 2 Pressekonferenz 27.11.2005 (*Frontstage*)

Oder wir lassen uns in die fiktive Welt diverser britischer, amerikanischer oder dänischer TV-Serien entführen, die das Weiße Haus (*The West Wing; House of Cards*) oder das dänische Kanzleramt (*Borgen*) als spannende Stories verkaufen und zu Kultserien wurden (vgl. Wodak, 2010).

Abb. 3 *The West Wing – Borgen*

Abb. 4 *House of Cards* (britische und US-amerikanische Version)

Dass solche Serien derart erfolgreich sind, ist nicht verwunderlich: Die Intransparenz nicht nur europäischer Politik, die auch durch die vielen mehrfach diskutierten und immer wieder veränderten Kommunikationsstrategien nicht wesentlich verbessert wurde, hat schwerwiegende Folgen, wie der britische Politikwissenschaftler Colin Hay in seinem Buch *Why We Hate Politics* (2007) sehr pointiert feststellen konnte: Uninformiertheit und auch Nichtinformation tragen sicherlich zur Politikverdrossenheit und dem sogenannten demokratischen Defizit bei. Daher begeben sich viele ZuschauerInnen gerne in eine Traumwelt der Politik, die auch falsche Erwartungen erzeugt – in der nämlich alles trotz mancher komplizierter Plots nachvollziehbar funktioniert und das Gute letztendlich gewinnt; bzw. wie bei *House of Cards* Politik ausschließlich aus *Sex and Crime* zu bestehen scheint (vgl. Challen, 2001; Corner, 2003; Corner & Pels, 2003; Couldry, 2004; Pompper, 2003; Riegert, 2007a,b; Van Zoonen, 2005).

Keineswegs will ich behaupten, dass unsere diskurssoziolinguistische Forschung ein Rezept gegen die vorhandene Frustration bieten kann – dies wäre eine komplette Verkennung realer Komplexitäten, eine Hybris. Dennoch ermöglichen Wissen und Einblick in politische Prozesse ein Verstehen und Erklären von Entscheidungsverläufen – und damit eine Abkehr von verzerrenden und hilflosen Verschwörungstheorien.

Bevor ich mich der qualitativen Analyse einiger Beispiele der sogenannten *Backstage (in) der Politik* zuwende, fasse ich meine theoretischen Annahmen kurz zusammen, um dann in einem nächsten Schritt einige theoretische Konzepte und die verwendete Methodologie zumindest kurz zu skizzieren.

2. Annahmen und Fragestellungen

Erstens habe ich angenommen, dass eine Art Ordnung in der scheinbaren Unordnung herrscht, sowohl *Backstage* wie *Frontstage*, und auch in den Übergängen zwischen *Backstage* und *Frontstage*. Diese Ordnung folgt den oft ungeschriebenen *rules of the political game*. Im Unterschied zu anderen theoretischen Ansätzen zur politischen Kommunikation, wie etwa von Fairclough (2010), Chilton (2004) oder Charteris-Black (2013), nahm ich an, dass der kommunikative Alltag und die politische Arbeit nicht nur aus Reden und Debatten, aus Argumentation und Rhetorik besteht, sondern aus einer viel größeren Menge von Genres und Sprachhandlungen, die zur Erreichung bestimmter strategischer und taktischer Ziele dienen.

Zweitens nahm ich an, dass eben dieses Ordnungsprinzip durch die jeweiligen Themen, Interessen und das vorhandene Expertenwissen definiert wird. Dieses Wissen kann man nur durch eine Ethnographie der *Backstage* methodisch ergründen.

Drittens, dass die Organisation von Wissen mit Machtstrukturen zusammenhängt, im Foucault'schen Sinn: wie Macht verteilt, eingesetzt und verhandelt wird, in alltäglichen Interaktionen (Foucault, 1995). In diesem Zusammenhang macht es Sinn, zwischen Macht *des* Diskurses, Macht *über* den Diskurs und Macht *im* Diskurs zu unterscheiden (Holzscheiter, 2012).

Weiter nehme ich an, dass die mehrsprachigen Alltagspraktiken durch kontextabhängige Sprachwahl und Muster des *Code-Switching* charakterisiert sind, die von vielen, ganz unterschiedlichen Faktoren abhängen – sowohl von textimmanenten wie strukturellen. Insofern untersuche ich, was Politiker und Politikerinnen „do by code-switching" (also mit Sprachwechsel *machen*), wie es der deutsche Soziolinguist Peter Auer treffend formuliert (2010: 469; vgl. auch Wodak et al., 2012).

3. Fächerübergreifender theoretischer Rahmen

Kurz widme ich mich dem Zusammenhang zwischen Sprache und Politik wie auch meinem eigenen diskurshistorischen Ansatz (DHA) zur Analyse politischer Kommunikation und den Goffman'schen Konzepten von *Backstage/Frontstage* und *performativity* (Reisigl & Wodak, 2009). Andere theoretische Bausteine muss ich aus Platzgründen hier vernachlässigen (vgl. Wodak, 2011).

Politik muss mit unterschiedlichen, oft konträren ideologischen und institutionellen Interessen und Ressourcen umgehen. Entweder, indem ein bestimmtes Interesse als legitim und als allgemeingültig oktroyiert wird; oder indem es dazu eine Deliberation gibt. Der berühmte französische Ethnologe Pierre Bourdieu bringt dies auf den Punkt:

> Politik ist wesentlich eine Angelegenheit mit Worten und um Worte. Deshalb muss der Kampf um die wissenschaftliche Erkenntnis der Wirklichkeit fast immer mit einem Kampf gegen Worte beginnen. [...] Politik ist ein Kampf um das legitime Prinzip der Klassifikation; mit anderen Worten, um die Anerkennung des einen, der dominiert wird, und des anderen, der dominiert; daher (ist Politik) mit symbolischer Gewalt aufgeladen. (Bourdieu, 2005: 39)

In der Diskursforschung geht man davon aus, dass politisches Handeln v.a. kommunikativ ist und sich nicht nur in Reden von PolitikerInnen erschöpft. Aufgrund unterschiedlicher institutioneller Bedingungen und unterschiedlicher RezipientInnen werden je spezifische zur Umsetzung bestimmter politischer Interessen verwendet; politischer Diskurs im weitesten Sinn besitzt persuasiven Charakter, der mehr oder weniger explizit oder implizit manifest wird; deshalb greifen auch heutzutage viele Genres des politischen Alltags auf die Figuren und Stilmittel der klassischen Rhetorik zurück. Das *Genre*, also schriftlicher oder mündlicher Text, Rede oder Bescheid, Bild oder SMS, impliziert notwendigerweise jeweils bestimmte argumentative wie auch sprachliche Verfahren (Wodak, 2001).

Diskurs wird in unserem diskurshistorischen Ansatz als strukturiertes soziales Wissen definiert. Außerdem wird zwischen „Diskurs" und „Text" unterschieden, wobei der einzelne Text einen bestimmten Diskurs in einem ganz bestimmten Kontext und Genre realisiert. In diesem Zusammenhang werden die Konzepte *Intertextualität, Interdiskursivität* und *Rekontextualisierung* relevant: Texte

stehen immer in größeren Zeit- und Raumzusammen-
hängen, synchron und diachron, sind daher niemals als
isolierte Informationsäußerungen zu verstehen. Diskurse
überlappen einander; so beinhalten Diskurse über Beschäftigungspolitik derzeit beispielsweise auch Argumente aus Diskursen über Soziales oder über Migration.
Rekontextualisierung beschreibt, wie sich Argumente im
Transfer von Genre zu Genre und Öffentlichkeit zu Öffentlichkeit verändern, wie sie damit neue Bedeutungen
gewinnen – d.h. welches Eigenleben sie dabei entwickeln.

Schließlich ist es auch wichtig zu betonen, dass aus
analytischen Gründen vier *Kontextebenen* unterschieden
werden müssen: der textimmanente Ko-Text; die Ebene
des Diskurses (also intertextuelle und interdiskursive
Zusammenhänge); die Ebene des institutionellen Kon-
textes; und schließlich der soziopolitische Kontext, in
dem die Institution und die jeweilige Interaktion stattfin-
den. Dies erlaubt eine *rekursive Analyse,* da alle Kontextebenen von der Mikro- zur Makroebene einander gegen-
seitig beeinflussen.

Auch die Konzepte *Frontstage* und *Backstage* müssen
in diesem Zusammenhang klar definiert werden: Für
Goffman (1959) erfasst die Metapher des Theaters und
der *Performance* das Sprachhandeln in Organisationen: Auf
der *Frontstage* werden Auftritte aller Art – auch Entscheidungen – inszeniert, Abläufe für die Öffentlichkeit kohä-
rent dargestellt. Vielfach wurde selbstverständlich schon
vorher auf der *Backstage* besprochen und ausgehandelt,
was Sache ist.

Gatekeeper kontrollieren den Zugang zur *Backstage*:
Nur ausgewählte Personen erhalten Zugang, oft nach
Ablegen von Versprechen, die nach langwierigen und
komplizierten Verhandlungen erzielten Kompromisse

nicht preiszugeben. Wir kennen diese Strukturen natürlich auch aus dem universitären wissenschaftlichen Alltag. Besonders spannend sind die Übergänge zwischen *Backstage* und *Frontstage* – wie nämlich überraschend und fast abrupt ein anderer Habitus eingenommen und ein anderer *Frame* (Rahmen) automatisch gewählt, also eine andere Situationsdefinition relevant wird.

Anmerken will ich an dieser Stelle, dass bislang vor allem Ethnologen, wie Irène Bellier oder Marc Abélès, hinter die europäischen Kulissen geblickt haben (Abélès, 1992; Abélès et al., 1993; Bellier, 2002); Marc Abélès hat in den 1970er-Jahren sogar einen ersten Dokumentarfilm mit dem Titel *La tribu exotique* über das Europäische Parlament gedreht – unsere Projekte waren somit die ersten innerhalb der Diskursforschung, die durch die Methode des *Shadowing*, also eines ganztägigen „Beschattens", mit gleichzeitigem Mikro den mehrsprachigen kommunikativen Alltag im europäischen Zusammenhang systematisch erfasst haben. Die linguistische Forschung zu Sprache und Politik beschränkt sich nämlich, mit wenigen Ausnahmen wie Alessandro Durantis Studie eines US-Senators während eines Wahlkampfs (Duranti, 2006), vor allem auf die Analyse politischer Reden, Pressekonferenzen, Zeitungsberichterstattung und von Parlamentsdebatten. Hinzu kommen viele visuelle Genres, wie Poster und TV-Interviews usw. All dies sind jedoch kommunikative Ereignisse auf der *Frontstage*.

Die *Backstage* ist wesentlich schwerer zugänglich; wie wir es letztlich geschafft haben, diese Daten zu erheben – und dies selbstverständlich immer im Konsens mit den InformantInnen – wäre Thema eines eigenen Vortrages. Natürlich reicht das *Shadowing* nicht aus, um ein holistisches Bild der Organisation zu erhalten. Interviews und schriftliche Materialien wie auch der jeweilige soziopolitische Kontext müssen im Sinn einer *Triangulation* (Reisigl & Wodak, 2009) mitberücksichtigt werden. Außerdem muss die jeweilige Einzelbeobachtung kontinuierlich mitreflektiert werden. Denn: Vieles sieht man, vieles übersieht man!

Im Folgenden stelle ich Ihnen zwei Beispiele aus der EU-*Backstage* vor: Zunächst ein kurzer Abschnitt aus einer *Backstage*-Sitzung, die wir als eine von 36 Sitzungen im DYLAN-Projekt in der Europäischen Kommission aufnehmen konnten, wo es um die Festlegung des für alle akzeptablen Namens für die sogenannte „Schweinegrippe" ging (Wodak et al., 2012). Als zweites Beispiel führe ich Sie durch den Alltag eines europäischen Abgeordneten, eines MEP – also einen Tag im Leben von Hans (dies ist natürlich ein anonymisierter Name; Wodak, 2011 & 2014a). Am Ende kehre ich zu meinen Ausgangsfragestellungen zurück und diskutiere, was diese Ergebnisse für ein/unser Politikverständnis bedeuten.

4. Auf der Suche nach einem Namen: Die „Schweinegrippe"

Im DYLAN-Projekt erforschten wir, wie denn die mehrsprachige Alltagspraxis in Bezug auf die jeweilige Sprachwahl und das *Code-Switching* tatsächlich abläuft: Warum reden Beamte der Kommission in einer bestimmten Sprache, bei welchen Themen oder in welchen Interaktionen wird die Sprache oder das Register gewechselt? Dabei ist es wichtig zu wissen, dass die Europäische Kommission im Prinzip mehrsprachig organisiert ist, wobei Englisch, Französisch und Deutsch im

Sinn einer hegemonialen Mehrsprachigkeit aus Gründen der Effizienz dominieren – bekanntlich sind dies auch die internen Arbeitssprachen der Kommission, wie am 17. Februar 1993 festgelegt (Wodak et al., 2012; Unger et al., 2014). Dies benachteiligt natürlich viele, dient aber einer schnellen Entscheidungsfindung. *Abb.* 5 zeigt eine typische Videokonferenz in der Europäischen Kommission.

Abb. 5 Videokonferenz, Europäische Kommission

Zunächst ist auffällig, dass bei dieser Sitzung drei TeilnehmerInnen aus Luxemburg per Video zugeschaltet sind. Wir wissen aus unserer Untersuchung, dass Videoteilnehmer fast immer benachteiligt sind – sie kommen seltener zu Wort und werden auch öfter unterbrochen. Es gibt sozusagen eine stete Zeitverzögerung in der Interaktion für zugeschaltete TeilnehmerInnen. Die Vorsitzende, F1, ist deutsche Muttersprachlerin und hatte eine kleine Präferenz für Französisch als Zweitsprache. M1, in Luxemburg, ist Engländer mit wenig Französischkenntnissen. M3, ein Belgier mit französischer Muttersprache, auch in Luxemburg stationiert, beherrscht wenig Englisch. M4 ist in Brüssel, ist Pole, mit passiver Französischkompetenz und zieht Englisch vor. Verschriftet wurden die folgenden Texte nach den HIAT-Konventionen (Ehlich & Rehbein, 1976); hier sind diese jedoch – zu Gunsten einer besseren Lesbarkeit – etwas standardisiert.

Text 1

217	M1:	H1N1 – yeah.
218	M4:	That's the only official name of it basically.
219	M3:	It's maybe sexy in the papers.
220	M4:	But there we are.
221	F1:	Newspapers of course call it swine flu err but it depends on the country
222		some don't because it doesn't sound very [fantastic.
223	M4:	[Belgian Belgian French err radio
224		they changed from la grippe Mexicaine to la nouvelle grippe.
225	M1	Obscene.
226	M4:	La nouvelle grippe.
227	F1:	La nouvelle grippe
228	M4:	That's what they called it on public radio la nouvelle grippe I don't know
229		well to my knowledge it was Mexican (0.5) they stopped a couple of
230		things.
231	M3:	La grippe voilà ((laughter)).
232	F1:	Je pense que le problème maintenant la grippe (0.5) Mexicaine c'est
233		finie (↑)non.
234	M1:	I do I.
235	F1:	Yes (M1: yeah).
236	M1:	I do have…[1]

In diesem kurzen Ausschnitt suchen die SitzungsteilnehmerInnen einen mediengerechten Namen für H1N1, den technischen Fachbegriff. Den ersten *Code-Switch* macht F1, sie passt sich aus Höflichkeit an M3 an (Zeile 232).

---

[1] Eckige Klammern [zeigen Überlappungen bzw. Unterbrechungen an; (0.5) meint eine kurze Pause von 5 Sekunden; Pfeil nach oben weist auf eine steigende Intonation hin; Worte in Klammern weisen auf leisen Tonfall hin.

19

Dass sie sich an M3 anpasst, zeigt sich auch daran, dass sie die französischen Namen *la grippe Mexicaine* und *la nouvelle grippe* zunächst in den Zeilen 224–29 belässt. Die Diskussion beginnt auf Englisch, F1 macht eine erste Bemerkung in Bezug auf *swine flu* (Zeile 221) und begründet, warum eine neutrale Bezeichnung gefunden werden soll (also nicht *la grippe Mexicaine*), weil, wie sie meint, „it doesn't sound very fantastic". Dieser Halbsatz ist sicherlich eine Übersetzung aus dem Deutschen („*nicht so toll*"), denn „it doesn't sound very fantastic" würde von einem englischen Muttersprachler nicht in dieser Form verwendet werden. Als M1 ins Englische wechselt, passt sich F1 aus Effizienzgründen an.

Wir beobachten hier ein typisches *Brainstorming*, mit spontanem Sprecherwechsel und Unterbrechungen, wie in Zeile 223; diese Unterbrechung dient der Ausführung des von F1 vorgebrachten Arguments in den Zeilen 221–22. Die Vorsitzende F1 kontrolliert den Sprecherwechsel und auch die Sprecherabfolge nicht explizit; allerdings legt sie die Tagesordnung fest und gibt relevante Argumente (Zeilen 221–22) vor, die von den anderen SitzungsteilnehmerInnen übernommen werden. Macht und Kontrolle sind also abgeschwächt, aber dennoch vorhanden.

Um nochmals Peter Auer zu zitieren, das *Code-Switching* in Zeile 232 ist „participant-related"; die Macht der Vorsitzenden ist jedoch ebenfalls für den Sprachwechsel mitverantwortlich, wie dies die kanadische Soziolinguistin Monica Heller (2007) postuliert. Insgesamt sind das spezifische *Meeting-genre* (ein *Brainstorming* hinter den Kulissen) und die allgemeine, übergreifende Funktion dieser Kommission auch von Bedeutung – nämlich rasche und effiziente Entscheidungsfindung. Am Ende dieser Episode (234–36) wechselt F1 zurück ins Englische und stimmt M1 zu, gleichzeitig markiert sie ihre Rolle als Vorsitzende und behält damit die Kontrolle über den Sitzungsverlauf.

5. Ein Tag im Leben eines MEP

Ich komme nun zu meinem zweiten Beispiel: einem Tag im Leben eines europäischen Parlamentsabgeordneten. Die Feldforschung wurde zu jener Zeit durchgeführt, als die EU-Erweiterung 1997 heftig im Europäischen Parlament und in der Kommission diskutiert wurde. *Nota bene*: Das Parlament umfasst zurzeit 785 Abgeordnete aus 9 Parteien und Gruppierungen, die von mehr als 390 Millionen Menschen national gewählt werden (vgl. Wodak, 2015).

Das Thema „EU-Erweiterung" zieht sich durch den ganzen Tag von Hans – von der frühmorgendlichen Vorbereitung mit seinem Assistenten über eine Sitzung des *Committee for Employment and Social Affairs*, das Mittagessen mit einem slowenischen Parlamentarier, der sich bei Hans über Einzelheiten europäischer Politik erkundigen will, bis in den Nachmittag mit anderen Abgeordneten und schließlich bis spät abends in den Klub der europäischen Sozialdemokraten. In all diesen Situationen wird das Thema völlig verschieden aufbereitet und argumentiert, je nach Kontext, Publikum und Funktion der Äußerungen. In allen Fällen versucht Hans, seinen Standpunkt zu vertreten und andere davon zu überzeugen.

Die Europäische Kommission argumentiert, dass die Erweiterung nichts kosten wird; Hans hingegen ist davon überzeugt, dass die Erweiterung die EU viel kosten wird, da es teuer sein wird, die Erweiterungsstaaten auf das soziale Niveau der anderen EU-Mitgliedsstaaten zu heben; auch muss dies gut vorbereitet werden. Es geht also – so Hans – um eine Kosten-Nutzen Rechnung. Die Mitgliedsstaaten – so Hans – sollten auch etwas investieren, d.h. letztlich alle europäischen BürgerInnen. Es handele sich nicht ausschließlich um Solidarität, sondern um langfristige Planung, da ansonsten die erweiterte EU bald auf viele Probleme stoßen würde. Die Kommission hingegen vertritt den Standpunkt, dass man den Bürger-Innen keine Mehrkosten oktroyieren könne, da sich ansonsten viele gegen eine Erweiterung aussprechen würden. Hans unterstellt der Kommission, dass diese bewusst verschweigt, dass die Erweiterung doch etwas kosten wird (vgl. McCormick, 2007).

Damit stehen einander zwei Standpunkte gegenüber, die im EU-Alltag verhandelt werden müssen, auch durch Konfliktaustragung. Hans' Argumentation ist ein einfaches Toulmin'sches Schema zugrunde gelegt (Toulmin, 2003; Kienpointner, 1996).

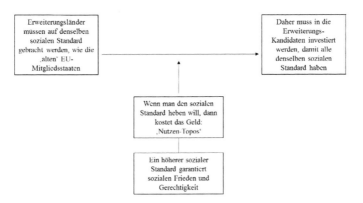

Während des *Shadowing* trug Hans ein kleines Mikrofon den ganzen Tag hindurch an seinem Hemdkragen, von 8 Uhr früh bis 10 Uhr abends. Immer wieder nahm sich Hans die Zeit, uns (meinem Team, vor allem dem Soziologen Dr. Gilbert Weiss) bestimmte Strategien – also Verhandlungsschritte, *Statements*, Fragen wie Antworten – zu erklären. Wir hatten also ein *running commentary* auf der Meta-Ebene kontinuierlich zur Verfügung und konnten derart Selbst- und Fremdeinschätzung miteinander vergleichen. So bekamen wir Einblick in die manifesten und latenten Regeln des Parlaments, in drei Wissenssysteme, die analytisch unterschieden werden müssen: *Organisationswissen, politisches Wissen* und *Sachwissen*. Außerdem in die offizielle Organisation des Alltags, der beispielsweise am 20. Mai 1998 aus 17 verschiedenen Terminen und Tagesordnungspunkten bestand.

5.1. Der Tagesbeginn

Hans trifft üblicherweise seinen Assistenten M um 8 Uhr früh in seinem kleinen Büro, das aus ca. 10 m² besteht. M hat alle Dokumente vorbereitet – meist haben MEPs keine Zeit, alle Dokumente rechtzeitig zu lesen, da diese häufig erst sehr spät abends verteilt werden (man kann also entweder schlafen und sich nicht vorbereiten; oder sich vorbereiten und nicht schlafen). Die Vorbereitung ist hektisch, elliptische Sätze in einem stakkatoartigen Sprecherwechsel, da Hans schon in die erste Sitzung laufen muss. Außerdem ist ein Fototermin vorgesehen, der jedoch dreimal an diesem Tag verschoben wird und sich letztendlich doch nicht ausgeht. Betrachten wir den ganzen Tag als eine Untersuchungseinheit, so dient diese

Vorbereitung als Strukturierungselement und Rahmen für alle folgenden Tätigkeiten.

Besonders hektisch wird es, als die Antwort zu einem Brief gesucht wird. Ist dieser überhaupt schon abgeschickt oder nicht? Hans ist verärgert, denn die Antwort ist für die nachfolgende Sitzung wichtig. Papier ist insgesamt im Parlament sehr wichtig – keine Spur eines *paperless office* (Sellen & Harper, 2003); ganz im Gegenteil, Tonnen von Papier in allen Sprachen werden im EP bewegt. Im Keller befinden sich viele Kopierer, die Tag und Nacht alle Dokumente in allen Sprachen für alle Parlamentarier vervielfältigen, also eine regelrechte Politikindustrie.

Text 2

1.	H:	das (wär) schlecht
2.	M:	ich hab unser Papier da ja (xxxx)
3.	H:	ah hast du unser Papier(l) a da?
4.	M:	ja
5.	H:	(na gimma eine)
6.	M:	na gut dann (weils Du's bist)
7.	H:	was heißt a sechzehn ( )
8.	M:	( ) für den ÖGB
9.	H:	aso
10.	H:	( ) Sozialklausel bei der WTO letzter Absatz
11.	M:	Sozialklausel WTO steht da drinnen?
12.	H:	ja (xxx Sozialklausel xxxxxxxx)
13.	M:	wo wo hier drinnen?
14.	H:	na freilich letzter Absatz
15.	M:	welcher letzter Absatz?
16.	H:	ja ja das versteht so keiner wenn ma nicht die Sozialklausel dazuschreibt
17.	H:	es steht ja nix (Brauchbares) da

M und Hans haben beide vergessen, wann der wichtige Brief abgeschickt wurde – wäre der Brief vor einer Woche schon abgeschickt worden, so müsste die Antwort schon eingetroffen sein; ist der Brief erst am Wochenende abgeschickt worden, so kann die Antwort noch nicht eingelangt sein. Hans äußert eine Reihe indirekter Beschuldigungen, da er die Antwort für sein *Statement* im Ausschuss braucht.

Schon in diesem kurzen Sprecherwechsel wird klar, wie viel Wissen vorausgesetzt wird; Außenstehende würden von dieser Interaktion kaum etwas verstehen. Der Brief wird gefunden, und es kommt zu einem *Frame*-Wechsel: Hans ersucht M um eine Zigarette, beide rauchen hastig eine ‚Friedenszigarette‘. Es wird gescherzt, diese kurze humorvolle Pause löst die Spannung. Insgesamt dauert dieser hektische Austausch 20 Minuten; der erste Termin findet um 9.15 statt. Der Fototermin wird nun auch das erste Mal verschoben, von 12.45 auf 15.00 Uhr.

Hans und M laufen jetzt die langen Gänge entlang bis zum Sitzungszimmer und besprechen dabei die kommende Sitzung – dieses Genre wird als *walk and talk* bezeichnet, ein Genre, das in vielen Institutionen wahrnehmbar und filmisch in *The West Wing* verewigt ist (Wodak, 2010). Hans hält sein *Statement*, das erst eine halbe Stunde vorher fertig gestellt wurde. Diese Sitzung muss als *Frontstage* innerhalb der *Backstage* begriffen werden: Außenstehende haben im EP vor allem zu Plenumsdebatten Zutritt (ausnahmsweise auch zu anderen Sitzungen). Dennoch werden in diesen Komitees natürlich lang vorbereitete Koalitionen ausgespielt und Entscheidungen inszeniert. Viel Lobbying und Verhandeln sind vorausgesetzt.

5.2. Die Sitzung

Im folgenden kurzen Ausschnitt aus Hans' *Statement* geht es vor allem um den Topos der Kosten und um eine Widerlegung des Mythos, die Erweiterung werde nichts kosten. Hans spricht auf Deutsch, also in einer der drei für dieses Komitee zugelassenen Amtssprachen. Zunächst leitet Hans sein *Statement* mit den üblichen ritualisierten Höflichkeitsfloskeln ein, um dann in Folge die Kommission explizit und scharf anzugreifen; dies sicher auch taktisch, um in Folge jedwede Schuld an einer potentiell nicht gelingenden bzw. nicht erfolgreichen EU-Erweiterung der Kommission zuschieben zu können: „In Wirklichkeit hätten wir ein besseres Management auf der europäischen Ebene gebraucht; das heißt, ich sehe schon einen Dilettantismus par excellence im Management dieser Osterweiterungsfrage hier in der Kommission [...]".

Text 3
1. weil noch immer gemeint wird dass die Osterweiterung nichts kostet
2. das ist auch falsch; das ist auch falsch
3. wir müssen unser Wohlstands(niveau) an das wir gewöhnt sind
4. die Osterweiterung kurz und mittelfristig bezahlen
5. damit langfristig jeder der (xxx) auf beiden Seiten was davon hat
6. und das ist nicht einfach der Politik nahe zu bringen [...]
7. in Wirklichkeit bräuchten wir hier in der Europäischen Union ein Sozialrecht
8. um den Werberstaaten ein Anrecht zu geben
9. alleine die Möglichkeit zu geben sich bei Systemen irgendwo anklammern
10. zu können [...]
11. ich persönlich begrüße das Arbeitsdokument und die Kurzfassung die jetzt vorliegt

Hier führt Hans sein Hauptargument aus: Investition würde sich langfristig lohnen, da nicht nur die Erweiterungsstaaten davon profitierten, sondern wir alle, ein Gefälle zwischen Ost und West würde dadurch vermieden. Daran schließt sich rhetorisch noch ein weiteres Argument an: Gäbe es ein gemeinsames Sozialrecht, dann wäre die Erweiterung und Herstellung eines lebenswerten sozialen Standards für alle Beteiligten einfacher; es gäbe eben einen gemeinsamen Standard. Das zweite Argument ist durch die sequentielle Folge in einen logischen Zusammenhang gebracht. Die Schlussregeln bemühen sowohl einen Nutzentopos, wie auch einen Bedrohungstopos – impliziert wird, dass es Probleme geben wird, wenn nicht in richtiger Weise investiert würde. Bedrohungsszenarien werden immer durch Urgenz verstärkt, auch in diesem Fall – man müsse sich auch beeilen, fügt Hans explizit dazu.

5.3. Ganggespräch

Nach der Sitzung kommt es zu einem Ganggespräch, in dem Hans nochmals andere Sitzungsteilnehmer von seiner Meinung zu überzeugen versucht, ein Beispiel für *politics de couloir*. Solche informellen Gespräche sind höchst selten zugänglich und daher besonders wertvolles Datenmaterial. Wir erhalten Einsicht in einen reflexiven Modus der Beteiligten. Die deutschen Diskursforscher Konrad Ehlich und Jochem Rehbein (Ehlich & Rehbein, 1980) bezeichneten solche Ganggespräche als homileïsch. In diesen Gesprächen geht es um Sinngebung und um die nachträgliche Konstruktion von Kohärenz: Dies bezeichne ich als ‚post-hoc Kohärenz'.

Text 4

1.	H:	the Swedes already have a different opinion
2.		and when one then talks with the unions and organisations themselves
3.		then suddenly then suddenly it becomes a European question then the
4.		Netherlands is more at the core that is completely unaffected by it

5.	but rather indirectly affected later
6.	then there is an economic discussion about winners and losers
7.	......that's the way it is
8.	because otherwise no one realises what is at stake

Hans unterstellt in diesem kurzen Nachgespräch in Anwesenheit von M, eines deutschen und eines holländischen Kollegen, dass die Ökonomen auch Fehler machen. Er wiederholt, dass die sozialen Agenden mit den ökonomischen integriert werden müssen. Der deutsche Kollege nickt zustimmend, Hans hat ihn überzeugt. Nochmals äußert Hans auch eine indirekte Warnung – wenn man nichts sagt, dann passiert auch nichts. Denn sonst weiß niemand, was und wieviel auf dem Spiel steht. Bedrohung und Urgenz, kombiniert mit dem inhaltlichen Argument der notwendigen Kosten, werden hier also reformuliert. Das kurze homileïsche Gespräch dient als Übergang zum nächsten Termin, zwischen *Backstage* und *Frontstage*.

5.4. Mittagessen

Hans trifft nun einen slowenischen Gewerkschafter, der sich aus Sorge um den Erweiterungsprozess (Slowenien ist ja einer der zehn EU-Beitrittskandidaten des Jahres 2004) bei Hans über wichtige Verfahrensregeln erkundigt. In dieser Interaktion wechselt Hans wiederum seine Rolle – er mutiert zum Lehrer und sozialisiert den Kollegen in die komplexen EU-Interna ein. Dabei wird viel Fachwortschatz verwendet, Wissen und Argumente werden nicht vorausgesetzt, sondern explizit und in ganzen Sätzen ausgeführt; Hans tritt nun als Experte auf, in englischer Sprache. Natürlich wiederholt Hans auch hier sein Plädoyer gegen den Mythos eines kostenlosen EU-Beitritts, wobei er Beleidigungen der Kommission und damit implizite und explizite Schuldzuweisungen an diese nicht scheut. Die Kommission bestehe, so Hans, aus *hollow European skulls*. Damit wird der slowenische Besucher nicht nur in die Fachsprache und das Procedere eingeschult, sondern auch gleichzeitig in die Positionierung von Hans, der mit Wertungen nicht spart. Das Mittagessen dient daher gleichzeitig einem Lobbying (von beiden Seiten) und der Vorbereitung von Koalitionen.

Text 5

S1:   in other words do you mean that one can now
        that one can assume that the basic decision
        that one will begin discussions with six countries
        that any fundamental obstacles could still be in the way?
H: uh I would not make any strong predictions uh…..
        politics can develop its own dynamics
        politics develops its own dynamics when money is the issue
        uh this is not unjustified
        but the only thing that makes sense to the hollow European skulls
        is that nothing can cost anything
S1:   yes
H: Eastern enlargement costs money
S1:   Yes yes

Die Termine werden abgearbeitet, bis 10 Uhr abends.

Insgesamt durften wir Hans drei Tage lang begleiten und konnten dadurch einen intensiven Blick hinter die Kulissen werfen. Der institutionelle Alltag im Europäischen Parlament weist viele Ähnlichkeiten mit anderen Institutionen auf, natürlich auch mit der Universität. Es gibt jedoch wichtige Spezifika, abgesehen von der allgegenwärtigen interessanten einsprachigen Mehrsprachigkeit. Letzteres meint, dass die Parlamentarier meist in ihrer eigenen Muttersprache sprechen und dass diese

– mit ganz wenigen Ausnahmen – stark identitätsstif-
tende Funktion besitzt.

Wirklich komplex sind jedoch die Rollen und Positio-
nierungen der Abgeordneten – sie haben multiple Identitäten und wechseln je nach Kontext zwischen lokalen,
nationalen, parteipolitischen und fachlichen Interessen
(und Identitäten). Zudem durchlaufen diese – wie ich sie
bezeichne – *small-scale policy entrepreneurs* verschiedene,
vorhersagbare und überraschende Situationen, werden
mit nationalen, globalen oder lokalen Erwartungen konfrontiert und müssen daher ihre spezifischen Expertisen
sehr genau definieren und öffentlich darstellen.

5.5. Selbstbild

Wie definiert sich Hans selbst? Wir haben Hans – wie
auch insgesamt 76 andere MEPs – zu seiner Selbstein-
schätzung interviewt. Hans definiert sich metaphorisch
als Teil einer *Taskforce*, die sich um rationale Formen
europäischer Konfliktbewältigung bemüht. Europa bedeutet für Hans eine/die notwendige Zukunft, mehr als
die Summe nationaler Einheiten. Die kriegerische Metapher einer *Taskforce* (etwa als Einsatzgruppe) weist nicht
nur auf das große Engagement von Hans hin, sondern
auch auf den Einsatz von Energie für eine bestimmte
Sache: nämlich alle davon zu überzeugen, dass seine
Position zur EU-Erweiterung die richtige ist; und dass
alle europäischen Mitgliedsstaaten und BürgerInnen davon längerfristig profitieren würden, sollte sein Vor-
schlag umgesetzt werden (Musolff, 2004; Wodak &
Weiss, 2004b & 2007). Unermüdlich setzt er sich mit Hilfe
von vielen rhetorischen und argumentativen Mitteln,

mündlich wie schriftlich, in Ganggesprächen, Reden, Resolutionen, Debatten, Gesetzesvorschlägen, Protokollen, Briefen, Vorträgen usw. in den ihm zu Verfügung stehenden Sprachen für seine Vorschläge und Meinungen ein. So wird kommunikativ im europäischen Alltag Politik gemacht!

6. Perspektiven

Aufgrund einer integrierten soziolinguistischen und ethnographischen Diskursanalyse, des diskurshistorischen Ansatzes, war es möglich, einen Einblick in die politische Profession zu geben. Der Alltag in multinationalen, mehrsprachigen und von vielen ideologischen Standpunkten durchwachsenen Institutionen weist zwar einige generelle Muster auf, wie wir sie auch in Krankenhäusern und Schulen entdeckt haben; dennoch ist die Tragweite europäischer politischer Organisationen eine andere, aufgrund ihrer transnationalen *Governance*-Struktur, und damit einhergehend ihrer zentralen Bedeutung für unser gesamtgesellschaftliches Befinden.

Die Diskursanalyse vermag natürlich nur eine Dimension systematisch zu erfassen, nämlich die semiotische; d.h. die Dekonstruktion aller bedeutungstragenden Elemente in ihre einzelnen Elemente und deren Funktionen im jeweiligen situativen wie auch strukturellen und historischen Zusammenhang. Berechtigterweise könnte man nun die Frage stellen: *cui bono?*

Abgesehen von methodischen Innovationen in der Forschung zur politischen Kommunikation, der Deskription der kommunikativen Geschehnisse hinter den Kulissen eines mit Mythen versehenen Abstraktums wie

‚Brüssel', interessieren natürlich auch Erklärungsansätze – was erklären also solche Diskursanalysen? Dazu einige Antworten; zunächst auf der Ebene der *Grundlagenforschung*:

Aufgrund der Tonbandaufnahmen der mehrsprachigen Praxis im Europäischen Parlament und in der Kommission ist es gelungen, eine ganze Bandbreite von Faktoren zu eruieren, die für die jeweilige Sprachenwahl und das *Code-Switching* verantwortlich sind. Es scheint nicht zielführend, sich entweder nur auf grammatische und pragmatische Einflussfaktoren zu beziehen; oder nur auf strukturelle Machtphänomene und Sprachideologien. Vielmehr spielt der jeweilige Kontext, das Genre, das Thema wie auch die Funktion des spezifischen Textes eine große Rolle. Man muss also jeden Einzelfall genau analysieren, will man tatsächlich einer Erklärung des *Code-Switching* näher kommen; oft wirken mehrere Faktoren gleichzeitig. Die genaue Kontextanalyse auf vier Ebenen ist dabei unerlässlich.

Weiter wird klar, dass die Mehrsprachigkeit auch institutionell unterschiedlich geregelt ist; und dass es seltene Ausnahmen aufgrund emotionaler und thematischer Faktoren geben kann. So ist das Parlament zwar scheinbar mehrsprachig, tatsächlich aber einsprachig, aufgrund der nationalen Orientierungen. Die Kommission hingegen per se mehrsprachig, aus Effizienzgründen und weniger aus einzelsprachlich-ideologischen Faktoren.

Darüber hinaus zeigt sich – wiederum –, dass Form und Inhalt in einem dialektischen Zusammenhang stehen; dies ist zwar ein Grundprinzip der Linguistik seit Ferdinand de Saussure, wird aber immer wieder zu Gunsten reiner Formanalysen vernachlässigt. Der Sinn sozialen und damit sprachlichen Handelns kann nur in der Analyse von Form und Inhalt im jeweiligen Kontext erfahren werden. Insofern spielt die Analyse der Rekontextualisierung der Argumente in vielen Genres und Situationen eine gewichtige Rolle. Bei Hans ging es um die Argumentation einer bestimmten ideologischen Position in Bezug auf die EU-Erweiterung. Das notwendige politisch-strategische, organisationelle und inhaltliche Wissen, die notwendigen Voraussetzungen, die notwendigen Argumente und ihre Versprachlichung wie auch die rhetorischen Strategien konnten im Detail dekonstruiert werden.

Es wurde deutlich, wie Bedrohungsszenarien immer gleichzeitig mit Urgenz versehen werden, um rasche Entscheidungsfindung zu forcieren. Bedrohung ohne Vorgabe eines zeitlichen Rahmens bzw. Urgenz ohne Bedrohung oder Belohnung erzielen keine oder eine sehr langsame Entscheidungsfindung.

Im Gegensatz zu anderen Ansätzen zur Analyse politischer Kommunikation zeigt sich, dass die kommunikative Interaktion auf der *Backstage* aus vielen unterschiedlichen Genres und Texttypen besteht – aus Narrationen, Deskriptionen, Argumentationen u.v.a.m. Politische Kommunikation ist *messy*, nicht rational und nicht nur deliberativ, folgt *einer eigenen politisch-institutionellen Logik*, die schwer berechenbar und vorhersagbar ist.

Insgesamt ist es gelungen – was die Grundlagenforschung betrifft – aufzuzeigen, dass die reale politische *Backstage* nicht mit wohl definierten Episoden der Serien *The West Wing* oder *House of Cards* mit einer einfach durchschaubaren Story zu vergleichen ist. Vielmehr ist die *Backstage* wesentlich komplexer, dynamischer, nicht vorhersagbar und unbestimmt.

Was nun die *Anwendung einer solchen interdisziplinär ausgerichteten Diskursforschung* betrifft, so kehre ich zum Beginn meiner Ausführungen zurück. Die Diskursanalyse der *Backstage* bietet einen wichtigen und differenzierten Einblick in das Funktionieren politischer und anderer Organisationen. Die integrierte Methodologie lässt sich auch auf andere, nationale und internationale politische Organisationen übertragen.

Unsere Ergebnisse zu Mehrsprachigkeit und mehrsprachigen Interaktionen könnten in Schulen bei Jugendlichen Verständnis für Mehrsprachigkeit erzeugen.

Darüber hinaus ist es möglich, manchen Gründen der Intransparenz politischer Organisationen auf die Spur zu kommen und entsprechende Forderungen an Medien und Politik zu erheben:

Verständliche europäische Texte müssen zugänglich gemacht werden, es geht um *Wissenstransfer* und nicht nur um ein Hochladen von schwierigen und nur intertextuell verstehbaren Dokumenten – aufbereitet im Umfang je nach Interessenslage.

Die Arbeit (die *Backstage*) der europäischen Organisationen sollte uns in den Medien näher gebracht werden – die betroffenen Parlamentarier müssten eigentlich selbst ein großes Interesse daran besitzen. Den MEPs sollte national erheblich mehr Raum und Bedeutung zustehen; diese stellen einerseits eine Brücke zwischen nationalen und europäischen Interessen dar; und andererseits eine Brücke zu europäischen und daher national wirksamen Entscheidungen.

Noch wichtiger erscheint mir, dass WählerInnen nachvollziehen können, was ihre RepräsentantInnen vertreten, mit welchem Erfolg bzw. mit welcher Reichweite. *Accountability*, also Rechenschaft abzulegen, wird

34

möglich, uns WählerInnen gegenüber. Damit würde vielen populistischen Verschwörungstheorien der Wind aus den Segeln genommen.

Daran sollte man denken, wenn man Nachrichten aus ‚Brüssel' hört; vertrauen Sie also nicht *The West Wing*; glauben Sie bitte eher den Ergebnissen der Diskursforschung.

Danke für Ihre Aufmerksamkeit!

Bibliographie

Abélès, M. (1992) *La Vie Quotidienne au Parlement Européen.* Paris: Hachette.

Abélès, M., Bellier, I. & McDonald, M. (1993) *Approche Anthropologique de la Commission Européenne.* Brussels: The European Commission.

Angermuller, J., Maingueneau, D. & Wodak, R. (Eds.) (2014) *The Discourse Studies Reader.* Amsterdam: Benjamins.

Auer, P. (2010) ‚Code-switching/mixing', In: R. Wodak, B. Johnstone & P. E. Kerswill (Eds.) *The SAGE Handbook of Sociolinguistics.* London: Sage.

Bach, M. (1999) *Die Bürokratisierung Europas. Verwaltungseliten, Experten und politische Legitimation in Europa.* Frankfurt & New York: Campus.

Beetham, D. & Lord, C. (1998) *Legitimacy and the European Union.* London: Longman.

Bellier, I. (2002) ‚European Identity, Institutions and Languages in the Context of the Enlargement', *Journal of Language & Politics,* 1 (1): 85–114.

Berthoud, A.-C., Grin, F. & Lüdi, G. (Eds.) (2014) *Exploring the Dynamics of Multilingualism: The DYLAN Project.* Amsterdam: Benjamins.

Bourdieu, P. (2005) ‚The Political Field, the Social Science Field, and the Journalistic Field', In: R. Benson & E. Neveu (Eds.) *Bourdieu and the Journalistic Field.* Cambridge: Polity Press, 29–47.

Challen, P. (2001) *Inside the West Wing. An Unauthorized Look at Television's Smartest Show.* Toronto: ECW Press.

Charteris-Black, J. (2013) *Analysing Political Speeches: Rhetoric, Discourse and Metaphor.* London: Palgrave.

Chilton, P. (2004) *Analysing Political Discourse. Theory and Practice.* London: Routledge.

Cinpoes, R. (2008) ‚From National Identity to European Identity', *Journal of Identity & Migration Studies* 2: 1–19.

Corbett, R., Jacobs, F. & Shackleton, M. (1995) *The European Parliament.* (3rd edition) London: Cartermill.

Corner, J. (2003) ‚Mediated Persona and Political Culture', In: J. Corner & D. Pels (Eds.) *Media and the Restyling of Politics.* London: Sage, 67–84.

Corner, J. & Pels, D. (Eds.) (2003) *Media and the Restyling of Politics.* London: Sage.

Couldry, N. (2004) *Media Rituals. A Critical Approach.* London: Routledge.

Duranti, A. (2006) ‚The Struggle for Coherence: Rhetorical Strategies and Existential Dilemmas in a Campaign for the U.S. Congress', *Language in Society* 35: 467–497.

Edelman, M. (1967) *The Symbolic Uses of Politics.* (2nd edition) Urbana, Chicago: Univ. of Illinois Press.

Ehlich, K. & Rehbein, J. (1976) ‚Halbinterpretative Arbeitstranskriptionen (HIAT)', *Linguistische Berichte* 45: 21–41.

Ehlich, K. & Rehbein, J. (1980) ‚Sprache in Institutionen', In: *Lexikon der germanistischen Linguistik.* (2. Auflage) Tübingen: Niemeyer, 338–345.

Fairclough, N. (2010) ‚Discourse, change and hegemony', In: Fairclough, N. (Ed.) *Critical Discourse Analysis: The Critical Study of Language.* Harlow: Longman, 126–145.

Foucault, M. (1995 [1974]) *Discipline and Punish.* New York: Random House.

Goffman, E. (1959) *The Presentation of SELF in Everyday Life.* Garden City, NY: Doubleday, Anchor Books.

Hay, C. (2007) *Why We Hate Politics.* Cambridge: Polity Press (Polity Short Introductions).

Heller, M. (2007) ,Bilingualism as ideology and practice', In: M. Heller (Ed.) *Bilingualism – a social approach*. Houndmills: Palgrave, 1–22.

Hermann, R. K., Risse, T. & Brewer, M. B. (Eds.) (2004) *Transnational Identities*. Lanham, MD: Rowman & Littlefield.

Holly, W. (1990) *Politikersprache. Inszenierungen und Rollenkonflikte im informellen Sprachhandeln eines Bundestagsabgeordneten*. Berlin: de Gruyter.

Holly, W. (2008) ,Tabloidization of political communication in the public sphere', In: R. Wodak & V. Koller (Eds.) *Communication in the Public Sphere. Handbook of Applied Linguistics* Vol. IV. Berlin: de Gruyter, 317–342.

Holzscheiter, A. (2012) *Children's Rights in International Politics. The Transformative Power of Discourse*. Basingstoke: Palgrave Macmillan.

Kienpointner, M. (1996) *Vernünftig argumentieren. Regeln und Techniken der Diskussion*. Hamburg: Rowohlt.

Krzyżanowski, M. & Oberhuber, F. (2007) *(Un)Doing Europe. Discourses and Practices of Negotiating the EU Constitution*. Bern: Peter Lang.

Krzyżanowski, M. & Wodak, R. (2011) ,Political Strategies and Language Policies: The ,Rise and Fall' of the EU Lisbon Strategy and its Implications for the Union's Multilingualism Policy', *Language Policy* 10/2: 115–136.

Leodolter (= Wodak), R. (1975) *Das Sprachverhalten von Angeklagten bei Gericht. Ansätze zu einer soziolinguistischen Theorie der Verbalisierung*. Kronberg: Scriptor.

McCormick, J. P. (2007) *Weber, Habermas, and Transformations of the European State: Constitutional, Social and Supranational Democracy*. Cambridge: CUP.

Muntigl, P., Weiss, G. & Wodak, R. (2000) *European Union Discourses on Un/Employment. An Interdisciplinary Approach to Employment Policy-Making and Organisational Change*. Amsterdam: Benjamins.

Musolff, A. (2004) *Metaphor and Political Discourse. Analogical Reasoning in Debates about Europe.* Basingstoke: Palgrave.

Oberhuber, F., Bärenreuter, C., Krzyżanowski, M., Schönbauer, H. & Wodak, R. (2005) ‚Debating the European Constitution. On representations of Europe/the EU in the press', *Journal of Language and Politics* 4/2: 227–271.

Pollak, J. (2007) *Repräsentation ohne Demokratie. Kollidierende Systeme der Repräsentation in der Europäischen Union.* Wien, New York: Springer.

Pollak, J. & Slominski, P. (2006) *Das politische System der EU.* Wien: Facultas WUV-UTB.

Pompper, D. (2003) ‚The West Wing: White House Narratives That Journalism Cannot Tell', In: J. E. O'Connor & P. Rollins (Eds.) *The West Wing.* Syracuse: Syracuse University Press, 17–31.

Reisigl, M. & Wodak, R. (2009) ‚The Discourse-Historical Approach in CDA', In: R. Wodak & M. Meyer (Eds.) *Methods of Critical Discourse Analysis.* (2nd revised edition) London: Sage, 87–121.

Riegert, K. (2007a) ‚The Ideology of The West Wing: The Television Show that wants to be real', In: K. Riegert (Ed.) *Politicotainment.* Bern: Peter Lang, 213–236.

Riegert, K. (2007b) *Politicotainment. Television's Take on the Real.* Bern: Peter Lang.

Scollon, R. (2008) *Analyzing Public Discourse.* London: Routledge.

Sellen, A. J. & Harper, R. H. R. (2003) *The Myth of the Paperless Office.* (2nd edition) Cambridge, Mass.: MIT Press.

Stone, D. (2002) *Policy Paradox. The Art of Political Decision Making.* (2nd revised edition) New York: W. W. Norton.

Toulmin, S. (2003 [1958]) *The Uses of Argument.* Cambridge: CUP.

Triandafyllidou, A., Wodak, R. & Krzyżanowski, M. (Eds.) (2009) *European Media and the European Public Sphere*. Basingstoke: Palgrave.

Unger, J., Krzyżanowski, M. & Wodak, R. (Eds.) (2014) *Multilingual Encounters in Europe's Multilingual Spaces*. London: Bloomsbury.

Van Zoonen, L. (2005) *Entertaining the Citizen. When Politics and Popular Culture Converge*. New York: Rowman & Littlefield.

Weiss, G., Mokre, M. & Bauböck, R. (Eds.) (2003) *Europas Identitäten. Mythen, Konflikte, Konstruktionen*. Frankfurt: Campus.

Wittgenstein, L. (1967) *Philosophische Untersuchungen*. Frankfurt: Suhrkamp.

Wodak, R. (1996) *Disorders of Discourse*. London: Longman.

Wodak, R. (2000) ‚Recontextualization and the Transformation of Meaning: a critical discourse analysis of decision making in EU-meetings about employment policies', In: S. Sarangi & M. Coulthard (Eds.) *Discourse and Social Life*. Harlow: Pearson Education, 185–206.

Wodak, R. (2001) ‚The discourse-historical approach', In: R. Wodak & M. Meyer (Eds.) *Methods of Critical Discourse Analysis*. London: Sage, 63–94.

Wodak, R. (2004) ‚National and Transnational Identities: European and Other Identities Constructed in Interviews with EU Officials', In: R. K. Hermann, T. Risse & M. Brewer (Eds.) *Transnational Identities*. Lanham, MD: Rowman & Littlefield, 97–128.

Wodak, R. (2010) ‚The glocalization of politics in television: fiction or reality?', *European Journal of Cultural Studies* 13/1: 1–20.

Wodak, R. (2011) *The Discourse of Politics in Action. Politics as Usual.* (2nd revised edition) Basingstoke: Palgrave.

Wodak, R. (2014a) ‚Political discourse analysis – Distinguishing frontstage and backstage contexts. A discourse-historical approach', In: J. Flowerdew (Ed.) *Discourse in Context*. London: Bloomsbury, 522–549.

Wodak, R. (2014b) ‚Argumentation, Political‘, In: G. Mazzoleni (Ed.) *The International Encyclopedia of Political Communication*. NY: Wiley & Sons, 43–51.

Wodak, R. (2015) *The Politics of Fear: What Right-wing Populist Discourses Mean*. London, UK: Sage.

Wodak, R. & Weiss, G. (2004b) ‚Visions, Ideologies and Utopias in the Discursive Construction of European Identities: Organizing, Representing and Legitimizing Europe‘, In: M. Pütz, A. Van Neff, G. Aerstselaer & T. A. Van Dijk (Eds.) *Communicating Ideologies: Language, Discourse and Social Practice*. Frankfurt: Peter Lang, 225–252.

Wodak, R. & Weiss, G. (2007 [2005]) ‚Analyzing European Union Discourses. Theories and Applications‘, In: R. Wodak & P. Chilton (Eds.) *A new Agenda in (Critical) Discourse Analysis. Theory, methodology and interdisciplinarity*. Amsterdam: Benjamins, 121–135.

Wodak, R., Krzyżanowski, M. & Forchtner, B. (2012) ‚The interplay of language ideologies and contextual cues in multilingual interactions: Language choice and code-switching in European Union institutions‘, *Language in Society* 41/2: 157–186.

Wodak, R. & Boukala, S. (2014) ‚Talking about Solidarity and Security in the Age of Crisis: The Revival of Nationalism and Protectionism in the European Union – a Discourse-Historical Approach‘, In: C. Carta & J.-F. Morin (Eds.) *EU Foreign Policy through the Lens of Discourse Analysis*. Farnham: Ashgate, 171–190.

Wodak, R. & Boukala, S. (2015a) ‚European identities and the revival of nationalism in the European Union: a discourse-historical approach‘, *Journal of Language and Politics* 14/1: 87–109.

Wodak, R. & Boukala, S. (2015b) ‚(Supra)National Identity and Language: Rethinking National and European Migration Policies and the Linguistic Integration of Migrants‘, *Annual Review of Applied Linguistics* 35: 253–273.